SOUSCRIPTION

POUR L'ACHAT ET LA CONSERVATION

DES RUINES DU

FORT PONTCHARTRAIN OU St-LOUIS

à Chambly (Canada)

En vente, au profit de l'œuvre :

NOTICE HISTORIQUE SUR CE FORT

Prix : 1 franc.

PHOTOGRAPHIE DES RUINES

Prix : 2 francs.

Pour recevoir *franco* ces deux objets, adresser 3 fr. 25 en mandat-poste, à E. VEUCLIN, libraire à Bernay (Eure), historien normand, membre et correspondant de sociétés savantes et du comité canadien pour l'achat des ruines du vieux fort de Chambly.

BERNAY

VEUVE A. LEFÈVRE, IMPRIMEUR

Rue des Fontaines. 40.

1874

Archéologie

—

LE FORT DE CHAMBLY

—

*Aux Archéologues de Normandie pour la conser-
vation du vieux fort de Chambly.*

Si la reconnaissance de l'homme doit s'étendre à
tout ce qui lui a servi, à tout ce qui lui a valu protection, ne doit-elle pas s'étendre davantage à ce qui
lui rappelle, avec les services et la protection, le souvenir.

Oui, le souvenir, cette fleur si suave éclose dans le
passé, que le présent savoure avec une ineffable ar-
deur et que l'avenir respectera et recherchera partout
et toujours.

Il est de ces souvenirs qui font vibrer l'âme et
remuent le cœur de l'homme malgré lui : celui, par
exemple, de l'exilé lorsqu'il songe à la patrie absente;
celui qui rappelle un père mort au champ de l'honneur dans une guerre d'indépendance ; celui qui
retrace à l'esprit plusieurs générations d'aïeux, con-
quérants d'un pays qu'ils ont civilisé et qu'ils n'ont
abandonné que pied à pied devant de nouveaux envahisseurs et qui reposent maintenant dans un cimetière au pied d'un vieux fort qui les couvre de son
ombre.

Que fait-on de ces muets témoignages de la gloire ?

Que fait-on de ces antiques créneaux, de ces mu-
railles énormes qui insultent encore au Temps après
avoir insulté à la rage des hommes ?

Souvent, non content de les laisser tomber en ruine,
l'instinct destructeur de l'humanité hâte leur chute.

C'est ce qui arrive encore de nos jours.

Dans une de nos anciennes et belles colonies d'Amé-
mérique, dans le Canada, se trouve un fort antique,
appelé le *fort de Chamb'y*.

Sur cette masse grisâtre de constructions carrées,
les flèches et le plomb ont sillonné l'air lorsque les
Indiens s'en servirent contre nos compatriotes, presque tous Normands, qui voulaient les refouler dans
leurs forêts, et, plus tard, quand les Français-Cana-
diens et les Indiens réunis y tinrent en échec les anglais envahisseurs.

Le dernier combat qui y fut livré décima l'armée
des alliés, et le pavillon anglais flotta sur les murs du
fort de Chambly à la place du pavillon français, désor-
mais proscrit.

Depuis cette époque, le vieux fort, vaincu, était
resté debout comme un géant enchaîné, se tenant im-
mobile après sa défaite.

La terre canadienne l'avait conservé, fière de le
montrer avec son antique cimetière renfermant ses
braves défenseurs.

Aujourd'hui, il va être détruit; le vieux fort canadien, nous pouvons dire français, va tomber sous la
main de quelques vandales d'Outre-Mer.

La Normandie, mère de la colonie Canadienne la
laissera-t-elle dépouiller du plus beau fleuron de sa
couronne historique ?

Non, nous l'espérons du moins et nous nous adres-
serons à tous les savants et archéologues de France et
surtout de Normandie, à tous ceux qui sentent vibrer
en eux l'amour du souvenir, pour nous seconder dans
la mise à l'œuvre d'une idée émise par deux de nos
excellents amis Français et Canadiens :

« La conservation du vieux fort de Chambly, nous
disent-ils, est une œuvre patriotique et nationale, car
elle se rattache au souvenir de nos gloires militaires
et à la mémoire de la noblesse normande . . . . .

. . . .

. . . . Nous ferons tout pour le conserver mais que
la Patrie nous prête son concours ! »

Le fort de Chambly peut être sauvé par une prompte
acquisition faite par des hommes dévoués afin qu'une

fois devenu une propriété particulière, la destruction
en soit impossible.

Un tirage spécial de vues du vieux fort a été fait et
le prix de ces vues servira à l'achat et aux réparations
de cet objet historique, destiné à être infailliblement
détruit si le patriotisme français et l'amour de la science
n'empêchent cet acte de vandalisme.

Ces vues vaudront deux francs. Le souvenir d'un
semblable monument à 1,600 lieues de France vaut
bien deux francs !

A l'œuvre donc et sauvons le vieux fort de Chambly de sa destruction inévitable. Conservons cet antique monument de la vaillance de nos aïeux et qu'on
ne voie pas un jour les bœufs se reposer dans l'herbe
du cimetière, ni la charrue ouvrir un sillon profane
et remuer les ossements de nos pères, sur cette terre
peuplée de souvenirs français !

BAZIN.

Extrait du *Journal de Bernay*, du 17 juin 1874.

On lit dans la *Minerve* du 2 septembre 1874 :

En date du 27 et publié ce matin dans la *Minerve*,
un télégramme d'Ottawa dit : « On a appris ici que la
« Société des Antiquaires de Paris (France) faisait
« une souscription pour l'achat du vieux fort de
« Chambly, dans le but de le réparer. Les écrits de
« M. Benjamin Sulte, qui ont fait connaître en France
« ce vieux monument, témoin des exploits des pre-
« miers pionniers du Canada, ont poussé beaucoup à
« ce mouvement. »

M. Sulte peut avoir sa part de gloire dans le mouvement qui se fait en France relativement au fort de
Chambly, et nous ne doutons nullement que ses écrits
sur le sujet n'aient servi à la cause d'une manière
efficace. Cependant nous devons à la vérité de men-
tionner les noms de MM. Le Métayer-Masselin et J. O.
Dion, qui, depuis l'automne de 1873, ont travaillé de

concert, par des correspondances, à faire connaître
cette relique d'un passé glorieux aux amis que le
Canada possède en France. Ils ont réussi à attirer
l'attention de quelques archéologues de la Normandie.
M. Bazin, dans un article admirable de sentiments
patriotiques, en date du 30 mai, et publié dans un
journal de Bernay, faisait appel aux savants et aux
archéologues en faveur des vieux débris de l'ancien
fort de Chambly. Une photographie était de suite mise
en vente par un ami de M. Le Métayer-Masselin :
M. Veuclin, dans le but de favoriser l'œuvre de la
souscription.

Le *Nouveau-Monde* du 12 juillet reproduisait l'appel de M. Bazin, et une note éditoriale donnait les
noms de MM. Le Métayer-Masselin et J. O. Dion
comme étant ceux dont il était question dans le paragraphe qui faisait mention d'une lettre reçue du
Canada.

Plus tard, au commencement d'août, M. J. O. Dion,
sous le titre de « Fort de Chambly, » publiait dans la
Minerve un article invitant les Canadiens à s'unir aux
amis de la France pour la restauration des murs de
l'ancien fort Pontchartrain (Chambly), dont la construction remonte à l'année 1711. Espérons que l'œuvre
de la conservation du fort de Chambly, connu aussi
sous le nom de fort de St. Louis, se continuera, et
que M. Benjamin Sulte aura le plaisir d'entendre les
échos du Richelieu répéter, au jour de la *restauration*, les chants qu'il a consacrés au vieux fort.

A CHACUN JUSTICE.

Chambly, 29 août 1874.

On lit dans le *Courrier des Etats-Unis* :

Il existe au Canada, dans la province de Québec, un
vieux fort qui est une des ruines les plus vénérables
et les plus pittoresques du continent américain. C'est
le fort de Chambly, — ou fort Pontchartrain, qui domine le cours de la rivière des Iroquois, débaptisé de

son nom de famille pour recevoir, en 1862, un titre
de haute noblesse qu'elle a conservé à travers les
âges ; elle s'appelle encore aujourd'hui : *La Rivière
Richelieu*.

Le fort de Chambly remonte presque à l'origine de
la colonisation française. Il fut construit en 1665 par
les ordres du marquis de Tracy, et prit le nom
du capitaine Jacques de Chambly, qui en dirigea les
travaux. C'était d'abord un simple blockhaus en bois.
En 1709, il tombait en ruines, et le gouvernement de
Montréal, craignant un coup de main de la part des
Anglais, obtint du conseil supérieur de Québec un
avis favorable à sa reconstruction. Il fallut trois ans
pour recevoir la décision de la cour de France, ce qui
prouve qu'on n'était pas plus expéditif dans les minis-
tères il y un siècle et demi qu'aujourd'hui. L'ordre
arriva enfin en 1712..... mais il était trop tard ; on
s'était mis à l'œuvre sans attendre, et la reconstruction était achevée en 1711. Le fort s'était relevé par
enchantement, grâce à l'activité qu'y avaient mise les
soldats, aidés par les habitants du gouvernement de
Montréal. Un mémoire du temps dit que le plan en
fut fait par M. de Lévy, ingénieur de la Nouvelle-
France, et que l'exécution en fut dirigée par le capitaine Bois-Berthelot, Sieur de Beaucour. Ce Bois-Berthelot devint plus tard gouverneur de Montréal.

Tel il fut construit alors, tel il est aujourd'hui.
C'est un vaste quadrilatère flanqué de quatre bastions
correspondant aux quatre points cardinaux. Son front
vénérable est festonné de créneaux ébréchés çà et là,
« où niche l'orfraie », et ses fondements s'égrènent
d'une façon inquiétante. Vu de loin, il découpe sur le
ciel une silhouette imposante et a encore très-bon
air ; en s'en rapprochant, on éprouve un serrement
de cœur ; les murs se lézardent et menacent ruine.
Mais il y a un vandalisme plus dangereux que le vandalisme du temps, c'est celui des hommes, et il
paraît... on dit... le bruit court qu'il est sérieusement
question de démolir ce noble monument, contemporain des Canadiens-Français de la vieille roche. Les
pierres n'ont pas de nom, mais les tombes qui s'abri-

tent sous l'ombre du fort gardent des souvenirs respectés que les Canadiens chérissent et que l'histoire conserve ; il y a là des morts légendaires, Jean Besset, qui a fait souche dans le pays ; Marguerite de Tavenel, femme de François Hertel; Mlle de Braogelogne; Hertel de Beaulac, qui se fit tuer héroïquement avec les Rouville, les Lafrenière, etc., et une foule d'autres braves gens qui sont venus féconder de leur sang le sol où germait déjà la civilisation du Nouveau-Monde.

Comme nous le disions tout à l'heure, la main du temps et la main de l'homme menacent également ces souvenirs qui rappellent la France, et la gloire la plus pure de la France. Heureusement, s'il est des profanes pour qui rien n'est sacré, il y a aussi des âmes pieuses, pour qui la patrie n'est pas un mot, et qui n'ont pas désappris la religion du berceau, cette source pure où se retrempe l'âme affadie par les avilissantes réalités de la vie. Les journaux canadiens ont à plusieurs reprises signalé le vieux fort de Chambly à l'attention de ceux de leurs compatriotes qui conservent le culte du passé et qui sont fiers de leur origine. M. Benjamin Sulte, dans une étude remarquable, a entrepris de faire connaître à la France ce vénérable monument, témoin des exploits des premiers pionniers du Canada. Depuis, M. J. O. Dion a publié, dans la *Minerve* de Montréal, plusieurs articles où respire le plus pur patriotisme, et, de concert avec M. Le Métayer-Masselin, de Chambly, exhumé, dans d'intéressantes correspondances, les souvenirs glorieux qui s'y rattachent. Ils ont réussi à attirer l'attention de quelques archéologues de Normandie. Le *Journal de Bernay* a publié à ce sujet un article remarquable faisant appel aux savants pour les intéresser à la conservation du vieux débris de la gloire française en Amérique, et une souscription a été ouverte pour faire l'acquisition des ruines. Il faut espérer que toutes ces voix pieuses seront entendues, et que la vieille et la nouvelle France concourront ensemble à préserver de l'anéantissement un monument qui est pour la science une page d'histoire, et pour elles une relique de famille.

ARCHÉOLOGIE RELIGIEUSE DU DIOCÈSE DE MONTRÉAL

Par J. VIGER, Ecr

ancien et premier maire de Montréal, etc., etc., etc.

MONTRÉAL

Imprimé par LOVELL et GIBSON, rue St-Nicolas

1850

Notice historique

SUR CHAMBLY ET SUR SON ANCIEN FORT

EXTRAIT (1)

La première Église Paroissiale de Chambly date de
1739.

« L'an 1739, est-il écrit aux Registres de cette Pa-
« roisse par le R. P. Michel LE VASSEUR, Récollet, —
« le 23 Novembre a été bénie l'Eglise de St-Joseph,
« en la seigneurie de Chambly, par Messire Louis
« NORMANT, Vic. Gén. du Diocèse de Québec et supr
« du séminaire de St Sulpice à Montréal, accompagné
« de M. CHÈZE, Ptre, son vicaire, et du Père Michel
« LE VASSEUR, Ptre Récollet, Aumônier, pour le Roy
« au *Fort Pontchartrain* à Chambly, et Missionnaire
« desservant les dits habitans.

(*signé*)

« Fr. MICHEL, P. R. »

Cette Eglise fut incendiée le 9 Juin 1806. Le feu
éclata dans le clocher, vers les 3 heures P. M., sans
qu'on ait jamais pu en assigner la cause. Elle fut
bientôt remplacée par l'Eglise actuelle, à plus grandes
dimensions. C'est un bâtiment en pierre, qui couvre
les cendres du « *Léonidas Canadien,* » du « *Héros*
« *de Châteauguay,* » l'Hon. Col. Charles-Michel
D'IRUMBERRY DE SALABERRY, C. B., décédé à Chambly
le 26 février 1829, à 51 ans.

Le presbytère de Chambly est une vieille construc-

---

(1) Fos 12 et suivants.

tion en maçonnerie dont on n'a pas encore pu me fournir la date de construction.

Il y a à Chambly un collége, incorporé par acte du Parlement Provincial du Bas-Canada en 1836. C'est un vaste bâtiment en pierre, à trois étages, de 108 pieds de longueur et de 50 de largeur, entouré de jardins, etc. Le manque de moyens pécuniaires a empêché de compléter ce bel édifice, auquel on a eu, dès l'origine de sa construction, l'intention d'ajouter une aile de 43 pieds.

La 1re pierre de ce collége fut posée le 13 juin 1825, et il fut ouvert aux classes le 2 février 1826. Sur le frontispice de la bâtisse on a mis l'inscription suivante :

Flumina sæpé vides
Parvis é fontibus orta.

« Puissent ces vers avoir leur entier accomplisse« ment à l'égard du collége de Chambly ! » écrit M. MIGNAULT, le généreux fondateur de cet utile établissement ; — fruit de veilles, de soins, de privations et d'industries sans nombre et inappréciables de la part d'un ami de l'éducation et de son pays aussi sincère et éclairé que malheureusement peu avantagé du côté de la fortune. Les générations à venir béniront le nom de ce bon Curé à la vue de ce grand monument de son amour pour elles et la reconnaissance perpétuera sa mémoire dans leurs cœurs. Elles le proclameront à juste titre leur *Bienfaiteur !*

Les Clercs de St-Viateur ont pris la direction de cette institution depuis l'automne de 1849.

L'Eglise, le presbytère et le collége de Chambly sont environnés d'un assez gros village et élevés sur les bords du riant *Bassin de Chambly*, charmante expansion de la rivière de ce nom (Olim RICHELIEU), à forme à peu près ovale, et dont l'œil peut embrasser tout le contour sans fatigue et se reposer avec délices sur les bois, les montagnes, les clochers, les habitations et le *Vieux Fort* qui l'encerclent, comme aussi sur ses rapides et sur ses îles. Rien de plus varié en scènes naturelles : le cœur s'épand à la vue de ce doux panorama et l'on *souril...* on ne *s'ébahit* point comme devant le grandiose. C'est le Dieu bon, plus que le Dieu Magnifique, qu'on bénit ici dans son œuvre, et le cœur a plus de part que l'esprit aux hommages qu'on rend à sa grandeur infinie.

Anciens Souvenirs

Si l'on s'arrêtait aux registres de la paroisse de *St-Joseph de Chambly*, on serait induit à croire que le prêtre catholique n'y porta les soins précieux de son Ministère que vers 1706, tandis que l'histoire nous apprend que plus de 40 ans auparavant, la parole de Dieu avait été prêchée dans ce lieu même par les R R. P.P. JÉSUITES qui y eurent des Français pour leurs premières ouailles. — Voici le fait.

Louis XIV résolut de châtier enfin les Iroquois d'une manière efficace, et de les contraindre une bonne fois à la paix et à ne plus troubler sa colonie du Canada par leurs incursions journalières, envoya en 1665, à Québec, le Rég^t de CARIGNAN-SALIÈRES, avec ordre au Gouverneur DANIEL DE REMY DE COURCELLES (non de COURCELLES), qui venait en même temps au pays et au marquis de TRACY, qui y passait comme Vice-Roi, d'aller porter la guerre dans les cantons Iroquois.

Avant d'entrer en campagne, M. de Tracy crut devoir bâtir plusieurs forts en bois sur la rivière Richelieu et même au delà, pour échelonner ses troupes avec quelque sécurité sur cette route principale de communication (et la plus usitée) entre la colonie et les cantons Iroquois.

Le 1er de ces Forts fut construit à l'embouchure de la Riv. Richelieu (ou DES IROQUOIS,) et prit le nom de RICHELIEU : Le 2e fut bâti au bassin de Chambly et prit le nom de Fort PONTCHARTRAIN ; nous y reviendrons : le 3e Fort fut construit à Ste Thérèze dont il prit le nom, et le 4e fut élevé dans une île du Lac Champlain, (Ile à LA MOTTE, et nommé FORT Ste ANNE).

Le 2^d Fort que nous venons d'indiquer, bâti en 1665 par les ordres de M. De Tracy, le fut au pied du « *Sault de Richelieu* ». Le capitaine DE CHAMBLY partit des Trois Rivières, le 10 août, avec les troupes

destinées à la construction de ce Fort, qui fut nommé
par l'autorité civile « *Fort Pontchartrain* ». Ce nom
ne fit point fortune et fut restreint aux dépêches des
gouverneurs et des ministres du roi, tandis que celui
de « *Fort S* Louis* » lui fut simultanément, mais plus
généralement donné : c'était celui du vocable de la
Chapelle élevée en même temps dans son enceinte et
que les missionnaires adoptèrent dans leurs actes.
Néanmoins ce second nom de *S* Louis* s'effaça aussi
bientôt, pour faire place chez le peuple à celui de
« *Chambly* », dès au moins 1666, comme l'attestent
des manuscrits de cette date.

Le R. P. Pierre Jos. Marie Chaumonot, Jésuite,
nommé aumônier à l'armée de M. De Tracy, avait
suivi à Sorel les soldats qui y allaient, en juillet 1665,
construire le *Fort de Richelieu*. Son zèle autant que
son devoir, le porta à visiter ceux qui, en août suivant,
allèrent élever celui de *Chambly* : il demeura même
avec ces derniers à peu près tout le temps de sa
construction, puisqu'un journal contemporain (M.S)
nous dit : « 1665 oct, 3. — Le P. Chaumonot retourne
du *Fort de S* Louys*, basti au pied du Rapide de la
Riv. de Richelieu. »

On peut donc dire que la paroisse de S* Joseph de
Chambly, date de 1665, que son premier patron fut
S Louis*, que son premier temple fut une modeste
chapelle en bois, son premier desservant le vénérable
P. Chaumonot : on pourrait même ajouter, sans trop
courir risque de se tromper, que les S.S. Mystères y
furent célébrés en août pour la première fois.

Le P. Chaumonot en revenait, comme on a vu, le 3
oct. 1665 — et était remplacé par le P. Franç*
Duperon Jésuite qui, comme son prédécesseur, éten-
dait son ministère aux trois Forts de Richelieu,
S* Louis et S** Thérèse.

Le P. Duperon était au fort S* Louis (ou Chambly)
le 16 nov. 1665, lorsqu'il mourut et fut apporté à
Québec pour y être enterré. Un manuscrit du temps
parle ainsi de cet événement :

« 1665 Nov. 15. — Un bastiment arrive de Riche-
« lieu qui nous apporte le corps du Père François

« Du Peron (DUPERON), mort le 10 au Fort S' Louys,
« le 13° de sa maladie ; Monseigneur de Chambly,
« gouverneur de la place me mande qu'il est mort en
« bon religieux, en la manière qu'il avait vescu : —
« 5 soldats dès le soir ont apporté le corps dans un
« coffre de planche. que Mons' Sorel, gouverneur de
« Richelieu, luy a faict faire, après l'auoir esté rece-
« voir au bord de l'eau avec tous ses soldats soubs les
« armes ; nous auons aussi appris qu'il l'a gardé
« toute la nuict avec des cierges allumez. Nous auons
« faict mettre le corps dans la congrégation (le 16),
« sur les 9 heures et demy du matin, nous en sommes
« sortis processionnellement ; M. JULIEN GARNIER
« portoit la croix, deux de nos petits escoliers les
« chandeliers, deux autres l'encensoir et l'eau bénite.
« Nous avons dit l'office où a assisté Monseigneur DE
« TRACY, Mons' DE BERNIÈRES a dict la messe *presente*
« *corpore*. Il a esté enterré dans le caveau de la cha-
« pelle vers le confessional qui repond à la rue ; il ne
« reste plus de place que pour un corps. »

Dès le 16 nov. 1665. le P. Ch' ALBANEL, qui était
au Cap de la Magdelaine reçut injonction du R. P.
LE MERCIER, son sup' « de monter au Fort S' Louys
« par la première occasion *pour y aller tenir la place*
« *du défunct* P. DU PERON » (Jour. Jés.). — Le 23
nov. le P. Albanel était rendu aux Trois-Rivières,
« *attendant que les glaces fûssent assez fortes pour*
« *aller à sa mission* » (Ibid.). — Le 2 Déc. il était
encore aux Trois-Rivières, prenant soin de la Cure,
« *en attendant l'occasion de monter plus hault* ».
(Ibid.) Et, sans pouvoir dire quand il se rendit au
Fort S' Louis, on voit par le Journal déjà cité, que le
P. Albanel y était au moins le 8 mars 1666, « *faisant*
« *les fonctions Curiales.* » (Ib). Il y resta jusqu'au 7
Juin 1767 que le *Jour. Jés.* dit : « 1667 *Juin 7.* — Le
« P. Albanel *retourne des Forts, ou il a été passé*
« *l'hiver* et ou il a fort contenté. »

Tels ont été les commencements de la paroisse de
Chambly : un fort a été son berceau et ses fondateurs
furent des Jésuites. Il n'y a point eu d'interruption
dans la desserte, car il y a toujours eu garnison à

Chambly et conséquemment aumônier ou missionnaire.
Leurs registres, s'ils en ont tenu, nous manquent, et
je ne saurais fournir les noms de ses prêtres qu'à
compter de 1706 : on pourrait néanmoins en former
la liste (de 1667 à 1706) en consultant les « notices
« de M. NOISEUX sur les prêtres qui ont desservi en
« Canada » durant cette période de 39 années.

Le fort en bois de 1665 fut remplacé en 1711 par
celui en pierre et à quatre bastions que nous voyons
encore sur pied. On y ménagea un petit appartement,
adossé à la Courtine opposée à la rivière , pour une
nouvelle chapelle, toujours dédiée à *St Louis :* Son
pourtour est encore visible.

L'arrêt du roi de France du 3 mars 1722, confirmant
le règlement fait le 20 Sept. 1721 par le Gouverneur
DE VAUDREUIL, MS^r DE St VALLIER, évêque de Québec,
et M. BEGON,. Intendant pour le district des paroisses
de ce pays , contient l'ordonné suivant sur cette
paroisse :

« CHAMBLY. — L'étendue de la *Paroisse de S*^t
« *Louis* établie dans la *Chapelle du Fort de Chamb'y*,
« sera de celle de la Seigneurie du dit Chambly qui
« est de 3 lieues de front, sur une lieue de profondeur
« de chaque côté de la rivière de Chambly, autrement
« dit de St Louis et de Richelieu, le dit front à pren -
« dre, savoir, une lieue au dessus dudit Fort, et deux
« lieues au-dessous ; et vu le petit nombre d'habitants
« qu'il y a dans cette Seigneurie, qu'ils sont hors
« d'état de payer des dixmes, étant pauvres et com-
« mençant que d'établir leurs terres, il serait néces-
« saire pour le bien de la garnison de ce Fort, d'y
« établir un aumônier fixe, qui fut tenu d'y résider,
« et de servir par voix de mission les habitants de la
« dite Seigneurie, même les Fiefs des Sieurs DE
« LONGUEUIL(1) et DE ROUVILLE, situés au-dessous de

____

(1) M. le Baron de Longueuil, en 1709-10-11 , n'était pas
Gouverneur de Montréal , lors de la construction du fort,
mais bien *messire Claude de RAMEZAY, chevalier, seigneur
de la Jepe, Boisfleurant, autres lieux et du fief de Monnoir
dans la rivière des Hurons, proche Chambly, chevalier de*

« la dite Seigneurie, qui ont chacun deux lieues d'éten-
« due à mesure qu'ils s'établiront, et sous ces condi-
« tions assurer au dit aumônier 500 francs *(sic)* par
« an pour sa subsistance, jusqu'à ce que ladite pa-
« roisse soit suffisamment établie, pour fournir à la
« subsistance et entretien d'un curé. »

Chambly a adopté pour armoiries celles de Cham-
bli-Monhenault, chevalier de Malte en 1655 et qui
portait :
d'argent et la croix engrélée d'azur, chargée de 5
fleurs de lys d'or, le 1ᵉʳ canton chargé d'un écu de
gueules, à 3 coquilles d'or renversées, 2 et 1 qui est
Chambli.

Avec cette devise : HONNEUR ET LOYAUTÉ

CHAMBLY, son passé, &c.

EXTRAIT

« Novus rerum nascitur ordo. »

CHAMBLY ! voilà un nom qui évoque bien des
souvenirs et s'il a perdu son importance passée, il a
conquis une espèce de poésie mélancolique et respec-
tueuse que lui prêtent les âges.

Son vieux bassin d'eaux limpides comme celles de
Naples, est toujours là, comme aux jours où les féroces
Indiens en faisaient leur domaine ; seulement leurs
grossières pirogues sont remplacées par des splendides
vapeurs qui se croisent en tous sens sur son sein, pour
y apporter de toutes parts les produits du commerce
et de l'industrie.

l'ordre militaire de St Louis, gouverneur pour le Roy, de
Montréal.
(Note particulière communiquée, ainsi que la notice ci-
dessus, par M. J. O. Dion, homme de lettres et archéologue
à Montréal.)

Le vieux fort est toujours là, debout, pour protester de l'oubli dont il est entouré et pourtant que de belles actions dont il a été le témoin !

Chambly a été le théâtre de luttes héroïques; ce fut aussi le rendez-vous de toute l'aristocratie pendant de longues années. Le regretté M. Mignault en avait fait comme l'Athène du Canada.....

C. J.

Montréal, 30 novembre 1872.

Communication de M. l'abbé Isidore FORGET (1), prêtre vicaire de la paroisse St. Joseph de Chambly. (22 oct. 1873.)

---

(1) M. Forget est d'origine normande; sa famille habitait Alençon (Orne).

Bernay. — Typ. veuve A. Lefèvre.